ụlọ akwụkwọ - училище	2
njem - пътуване	5
njem - транспорт	8
obodo - град	10
odida obodo - пейзаж	14
ụlọ oriri na ọnụnụ - ресторант	17
ụlọ ahịa - супермаркет	20
ihe ọnụnụ - напитки	22
nri - ядене	23
ugbo - селски двор	27
ụlọ - къща	31
ime ụlọ ezumike - всекидневна	33
usekwu - кухня	35
ụlọ ịsa ahụ - баня	38
ụlọ nwa - детска стая	42
uwe - облекло	44
ụlọ ọrụ - офис	49
akụnụba - икономика	51
aka ọrụ - професии	53
ngwaọrụ - инструменти	56
ngwa egwu - музикални инструменти	57
zuu - зоологическа градина	59
egwuregwu - спорт	62
ihe omume - дейности	63
ezinụlọ - семейство	67
ahụ - тяло	68
ụlọ ọgwụ - болница	72
mberede - спешен случай	76
Ụwa - Земя	77
elekere - часовник	79
izu - седмица	80
afọ - година	81
ụdị - форми	83
na agba - цветове	84
mmegide - противоположности	85
nọmba - числа	88
asụsụ - езици	90
onye / ihe / olee - кой / какво / как	91
ebee - къде	92

Impressum
Verlag: BABADADA GmbH, Nedderfeld 112 , 22529 Hamburg
Geschäftsführer / Verlagsleitung: Harald Hof
Druck: Books on Demand GmbH, In de Tarpen 42, 22848 Norderstedt

Imprint
Publisher: BABADADA GmbH, Nedderfeld 112 , 22529 Hamburg, Germany
Managing Director / Publishing direction: Harald Hof
Print: Books on Demand GmbH, In de Tarpen 42, 22848 Norderstedt, Germany

ụlọ akwụkwọ
училище

n'ime ụlọ akwụkwọ
класна стая

nkewa
деление

186/2

obosara
черна дъска

ogige ụlọ akwụkwọ
училищен двор

onye nkuzi
учител

akwukwo
хартия

dee
пиша

mkpisi ode akwụkwọ
химикал

tebụl
бюро

ngwaoru eji atu ihe osise
линеал

akwụkwọ
книга

nwa akwụkwọ
ученик

akpa

ученическа раница

akpa pensụl

ученически несесер

pensụl

молив

nkọ pensụl

острилка за моливи

rọba

гума

obosara ihe osise

блок за рисуване

ihe osise
рисунка

ahịhịa agba
четка

igbe agba
акварелни бои

mkpa
ножица

mmapa
лепило

akwụkwọ mmega
тетрадка за упражнения

ọrụ omume ulo
домашна работа

nọmba
число

tinye
събиране

wepụ
изваждане

ba uba
умножение

gbakọọ
смятане

ozi
буква

abiichii
азбука

okwu
дума

ụlọ akwụkwọ - училище

ederede

текст

gụọ

чета

nzu

тебешир

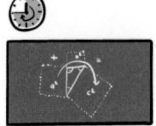

ihe mmụta

час

deba aha

дневник на класа

ule

изпит

asambodo

свидетелство

uwe ụlọ akwụkwọ

ученическа униформа

agumakwukwo

образование

akwụkwọ nkà ihe ọmụma

справочник

mahadum

университет

mikroskopu

микроскоп

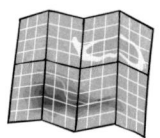

maapụ

карта

nkata-ahihia

кошче за хартиени отпадъци

ụlọ akwụkwọ - училище

njem

пътуване

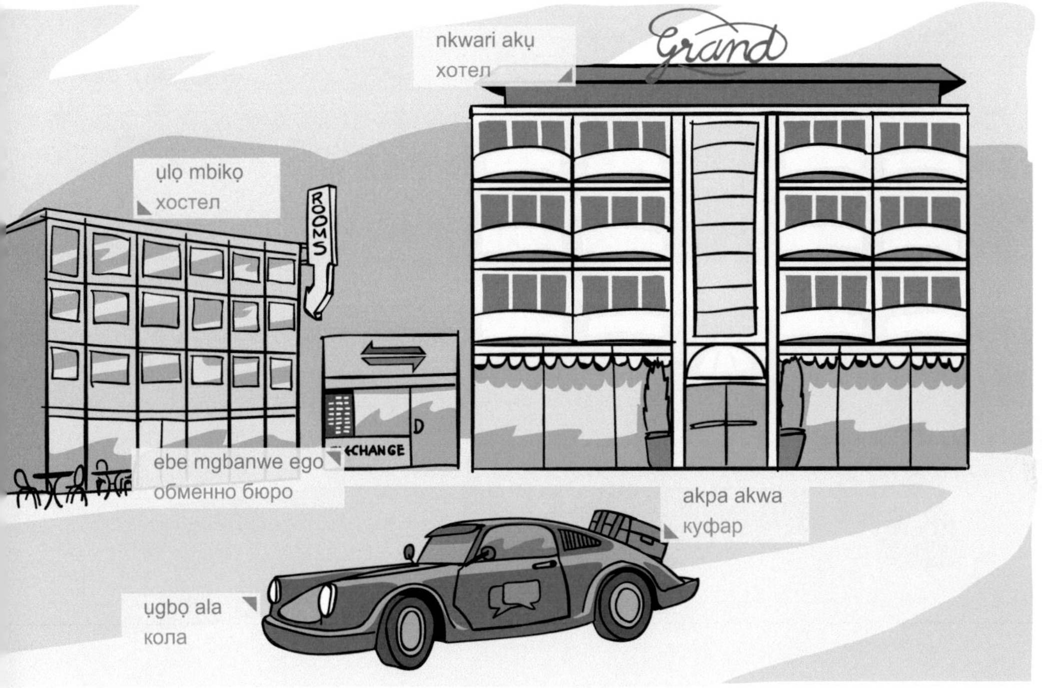

nkwari akụ
хотел
Grand
ụlọ mbikọ
хостел
ROOMS
CHANGE
ebe mgbanwe ego
обменно бюро
akpa akwa
куфар
ụgbọ ala
кола

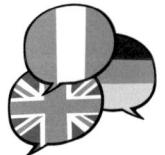

asụsụ

език

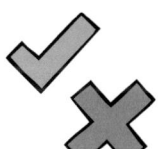

ee / mba

да / не

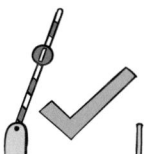

Ọdịkwa mma

Окей

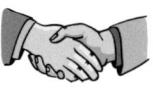

nnọọ

здравей

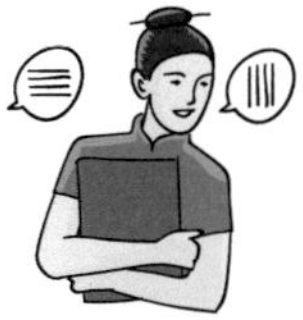

onye ntughari

преводач

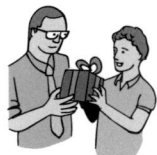

Daalụ

Благодаря

ego ole bụ…?

Колко струва…?

Aghọtaghị m

Не разбирам

nsogbu

проблем

Mgbede ọma!

Добър вечер!

Ụtụtụ ọma!

Добро утро!

Ka chifoo!

Лека нощ!

ka ọ dị

довиждане

ntụziaka

посока

ibu

багаж

akpa

пътна чанта

akpa azu

раница

ọbịa

посетител

ime ụlọ

стая

akpa ụra

спален чувал

ụlọikwuu

палатка

ozi njem nleta
туристическа информация

osimiri
плаж

kaadị akwụmụgwọ
кредитна карта

nri ụtụtụ
закуска

nri ehihie
обед

nri abalị
вечеря

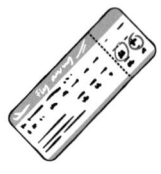

tiketi
билет

mbuli
асансьор

stampụ
пощенска марка

ókè
граница

ndị kọstọm
митница

ụlọ ọrụ nnọchite anya obodo
посолство

visa
виза

paspọtụ
паспорт

njem
транспорт

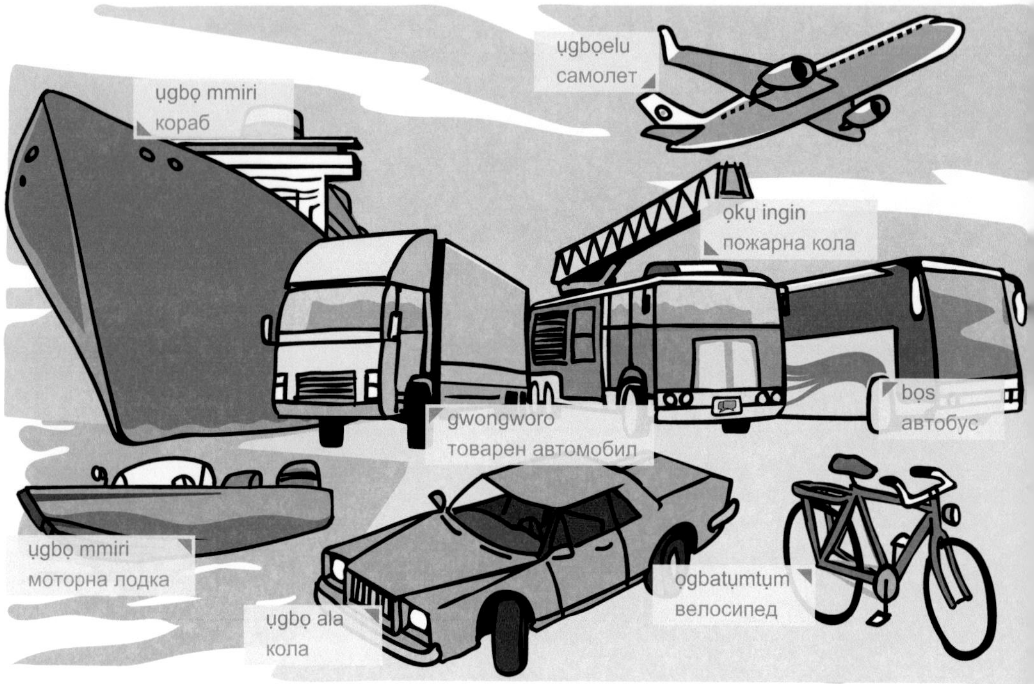

ụgbọ mmiri
кораб

ụgbọelu
самолет

ọkụ ingin
пожарна кола

bọs
автобус

gwongworo
товарен автомобил

ụgbọ mmiri
моторна лодка

ụgbọ ala
кола

ọgbatụmtụm
велосипед

ugbo

ферибот

ụgbọ mmiri

лодка

ọgba tum tum

мотоциклет

ụgbọ ala uwe ojii

полицейска кола

ụgbọ ala na-agba ọsọ

състезателна кола

ụgbọ ala mgbazinye

кола под наем

nkekọrịta ụgbọ ala

каршеринг

gwongworo

автомобил от "Пътна помощ"

ụgbọala ntufu ahihia

сметовоз

moto

двигател

mmanụ ụgbọala

бензин

ebe ana ere mmanu

бензиностанция

akara okporo ụzọ

пътен знак

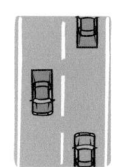

okporo ụzọ

улично движение

mkpọchị okporo ụzọ

задръстване

odu ụgbọ ala

паркинг

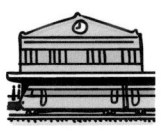

ọdụ ụgbọ oloko

гара

ụzọ

релси

ụgbọ oloko

влак

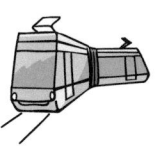

ụgbọ oloko

трамвай

ajụjụ

вагон

njem - транспорт

helikopta
хеликоптер

ọdụ ụgbọ elu
аерогара

ụlọ elu
кула

onye njem
пасажер

akpa
контейнер

katọn
кашон

ụgbọ ibu
ръчна количка

nkata
кошница

gbapụ / ala
излитам / приземявам се

obodo
град

obodo
село

etiti obodo
градски център

ụlọ
къща

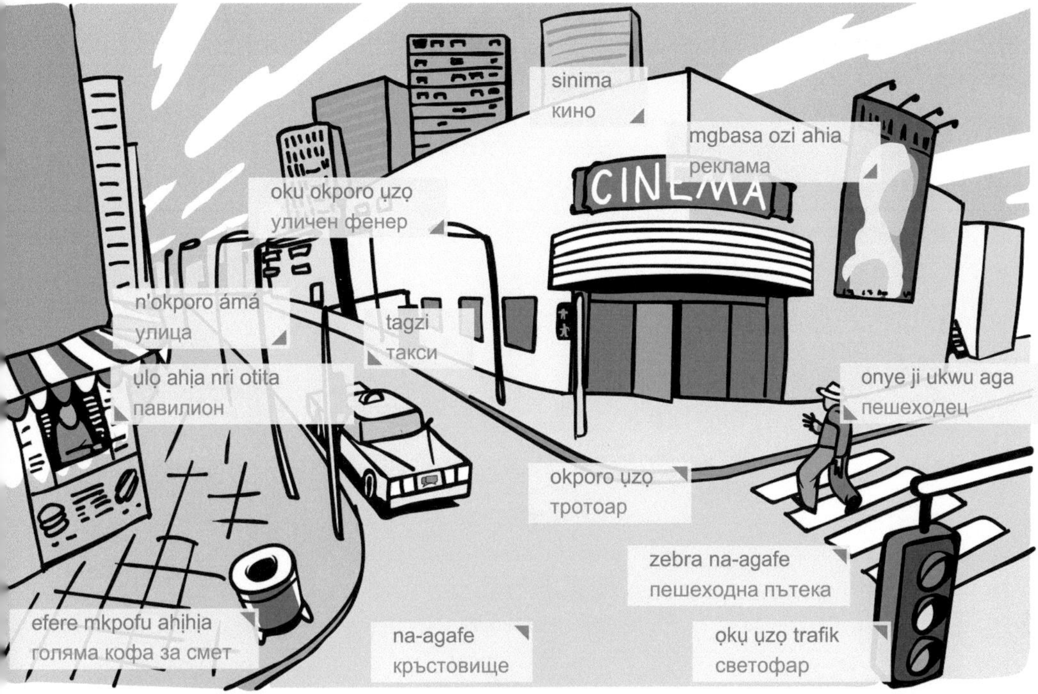

sinima
кино

mgbasa ozi ahia
реклама

oku okporo ụzọ
уличен фенер

n'okporo ámá
улица

tagzi
такси

ụlọ ahịa nri otita
павилион

onye ji ukwu aga
пешеходец

okporo ụzọ
тротоар

zebra na-agafe
пешеходна пътека

efere mkpofu ahịhịa
голяма кофа за смет

na-agafe
кръстовище

ọkụ ụzọ trafik
светофар

obi
хижа

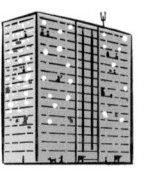

ohiha
жилище

ọdụ ụgbọ oloko
гара

nnukwu ọnụ ụlọ obodo
кметство

ihe ngosi nka
музей

ụlọ akwụkwọ
училище

obodo - град

mahadum
университет

ụlọ akụ
банка

ụlọ ọgwụ
болница

nkwari akụ
хотел

ahịa ọgwụ
аптека

ụlọ ọrụ
офис

ụlọ ahịa akwụkwọ
книжарница

ụlọ ahịa
магазин за цветя

onye ore fulawa
магазин за цветя

ụlọ ahịa
супермаркет

ahịa
пазар

ngalaba ụlọ ahịa
универсален магазин

onye azu
търговец на риба

ụlọ ahịa
търговски център

ọdụ ụgbọ mmiri
пристанище

obodo - град

ogige

парк

oche

пейка

akwa ngafe

мост

steepụ

стълба

n'okpuruala

метро

ọwara

тунел

ebe bọs na-akwụsị

автобусна спирка

ụlọ mmanya

бар

ụlọ oriri na ọnụnụ

ресторант

igbe akwụkwọ ozi

пощенска кутия

akara okporo ụzọ

улична табелка

igwe nnara ego ndọba ụgbọala

часовник за паркинг престой

zuu

зоологическа градина

ebe igwu mmiri

плувен басейн

ụlọ alakụba

джамия

obodo - град

ugbo
селски двор

mmeto
замърсяване на околната среда

ili
гробище

ụlọ ụka
църква

ama egwuregwu
детска площадка

ụlọnsọ
храм

odida obodo
пейзаж

akwụkwọ nri
листо

akara
пътепоказател

ụzọ
път

ahịhịa
ливада

onye njem
пътешественик

nkume
камък

osisi
дърво

osimiri
река

ahịhịa
трева

ifuru
цвете

ndagwurugwu
долина

ugwu
планина

ọdọ mmiri
море

ọhịa
гора

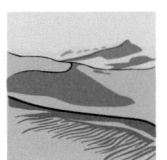
ọzara
пустиня

ugwu mgbawa
вулкан

nnukwu ụlọ
замък

eke mmiri
дъга

ero
гъба

nkwụ
палма

anwụnta
комар

ofufe
муха

agbeshi
мравка

aṅụ
пчела

ududo
паяк

odida obodo - пейзаж

ahụhụ
бръмбар

awọ
жаба

osa
катеричка

oke ọhịa
таралеж

oke oyibo
заек

ikwiikwii
кукумявка

nnụnụ
птица

Agbanye
лебед

ezi ọhịa
диво прасе

mgbada
елен

anụ ọhịa
лос

ihe mgbochi mmiri
бент

ikuku igwe
вятърна турбина

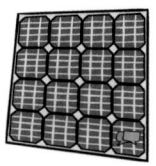

igwe anwụ
соларен модул

ihu igwe
климат

ụlọ oriri na ọnụnụ
ресторант

onye na-ebu nri
келнер

ndeputa nri
меню

oche
стол

ofe
супа

pizza
пица

ngaji na nma
прибори за хранене

ákwà tebụl
покривка за маса

mbịdo
предястие

isi nri
основно ястие

mmeju nri
десерт

ihe ọnụnụ
напитки

nri
ядене

karama
бутилка

ụlọ oriri na ọnụnụ - ресторант

nri ngwa ngwa
бързо хранене

nri n'okporo ámá
улична храна

ketulu tii
кана за чай

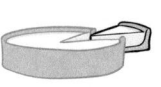

nnukwu efere shuga
кутия за захар

òkè
порция

igwe kofi
еспресо машина

oche dị elu
висок детски стол

ụgwọ
сметка

efere obosara
табла

nma
ножица за нокти

ndụdụ
вилица

ngaji
лъжица

ngaji tii
чаена лъжичка

akwụkwọ oche
салфетка

iko
стъклена чаша

ụlọ oriri na ọnụnụ - ресторант

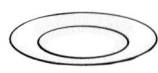

efere
чиния

efere ofe
чиния за супа

efere ihendori
чинийка

ihendori
сос

ite nnu
солница

igwe ose
мелничка за черен пипер

mmanya gbara ụka
оцет

mmanụ
олио

ngwa nri
подправки

ihe ndori
кетчуп

mọstad
горчица

mayonezi
майонеза

ụlọ oriri na ọnụnụ - ресторант

ụlọ ahịa
супермаркет

- onyinye pụrụ iche / оферта
- onye ahịa / клиент
- mmiri ara ehi / млечни продукти
- ihe nyaghari / количка за покупки
- mkpụrụ osisi / плодове

igbu anụ

кланица

onye ome achịcha

хлебарница

tụọ

тегля

akwụkwọ nri

зеленчуци

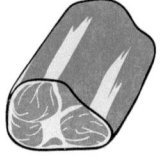

anụ

месо

nri oyi kpọnwụrụ

дълбоко замразена храна

ụlọ ahịa - супермаркет

anụ oyi

нарязан колбас или сирене

nri komkom

консерви

ntụ ọsịsa

перилен препарат

ihe ụtọ

лакомства

ngwaahịa ụlọ

домакински изделия

ngwaahịa nhicha

почистващи препарати

onye n'ere ahia

продавачка

rue

каса

onye okwu ugwo

касиер

ndepụta ịzụ ahịa

списък на покупките

awa mmepe

работно време

obere akpa

портфейл

kaadị akwụmụgwọ

кредитна карта

akpa

чанта

akpa rọba

пластмасова торба

ụlọ ahịa - супермаркет

ihe ọnụnụ
напитки

mmiri

вода

ihe ọnụọnụ

сок

mmiri ara

мляко

mmanya otobiri kooku

кола

mmanya

вино

biya

бира

mmanya na egbu egbu

алкохол

koko

какао

tii

чай

kọfị

кафе машина

kofi

еспресо

cappuccino

капучино

nri
ядене

unere
банан

apụl
ябълка

oroma
портокал

egwusi
пъпеш

oroma nkịrịsị
лимон

karọt
морков

galikị
чесън

achara
бамбук

yabasị
лук

ero
гъба

akụ
ядки

nri eriri
макарони

spaghetti
спагети

osikapa
ориз

nri ahihia
салата

ibe
пържени картофи

nduku eghere eghe
печени картофи

pizza
пица

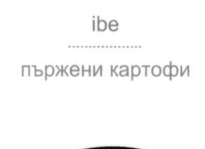
achicha
хамбургер

sanwichi
сандвич

anụ
шницел

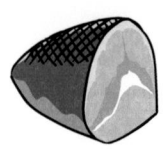
apata ụkwụ ezi
шунка

salami
траен колбас

sọseeji
салам

ọkụkọ
пиле

ihunuoku
печено

azụ
риба

nri oka

овесени ядки

nri ututu

мюсли

oka

корнфлейкс

ntu oka

брашно

achicha

кроасан

mpiakota achicha

хлебчета

achicha

хляб

tost

препечена филийка

biskit

бисквити

bota

масло

achicha

извара

achicha

сладкиш

akwa

яйце

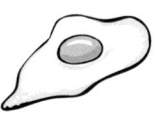

akwa eghere eghe

яйца на очи

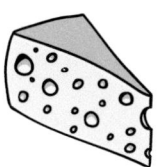

chiiz

сирене

ihe nracha

сладолед

shuga

захар

mmanụ aṅụ

мед

jam

мармалад

gbasaa shuga

нуга крем

kọrị

къри

nri - ядене

ugbo
селски двор

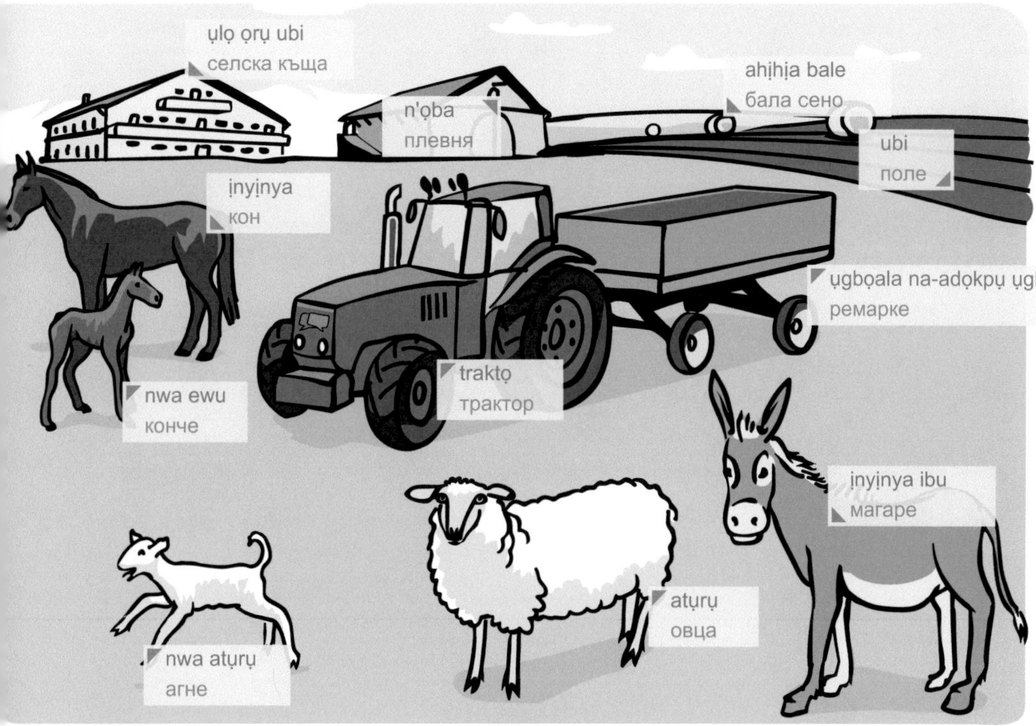

- ụlọ ọrụ ubi — селска къща
- n'ọba — плевня
- ahịhịa bale — бала сено
- ubi — поле
- ịnyịnya — кон
- ụgbọala na-adọkpụ ụgbọ — ремарке
- nwa ewu — конче
- traktọ — трактор
- ịnyịnya ibu — магаре
- nwa atụrụ — агне
- atụrụ — овца

mkpi
коза

ehi
крава

nwa ehi
теле

ezi
свиня

nwa ezi
прасенце

ehi
бик

ọgazị

гъска

odoguma

патица

nwa okuko

пиленце

nne okuko

кокошка

oke ọkpa

петел

oke

плъх

pusi

котка

oke

мишка

ehi

вол

nkịta

куче

nkịta ụlọ

кучешка колиба

paipu nhicha ogige

градински маркуч

iko mgbara mmiri

лейка

scythe

коса

ịkọ

плуг

28 ugbo - селски двор

mma ohia
сърп

ogu
мотика

fok ahihia
вила за тор

anyu-ike
брадва

wiilbaro
ръчна количка

ubi
корито

komkom mmiri ara ehi
съд за мляко

akpa
чувал

ngere
ограда

uloanu
обор

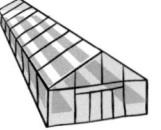
ulo glaasi
парник

ala
земя

mkpuru
сеитба

fatilaiza
тор

njikota ihe ubi
комбайн

ugbo - селски двор

29

owuwe ihe ubi

жъна

owuwe ihe ubi

реколта

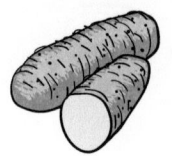

ji

ямс

ọka wit

жито

soya

соя

nduku

картоф

ọka

царевица

mkpụrụ osisi

рапица

osisi mkpụrụ osisi

овощно дърво

akpu

маниока

nri ọka

зърнени храни

ugbo - селски двор

ụlọ
къща

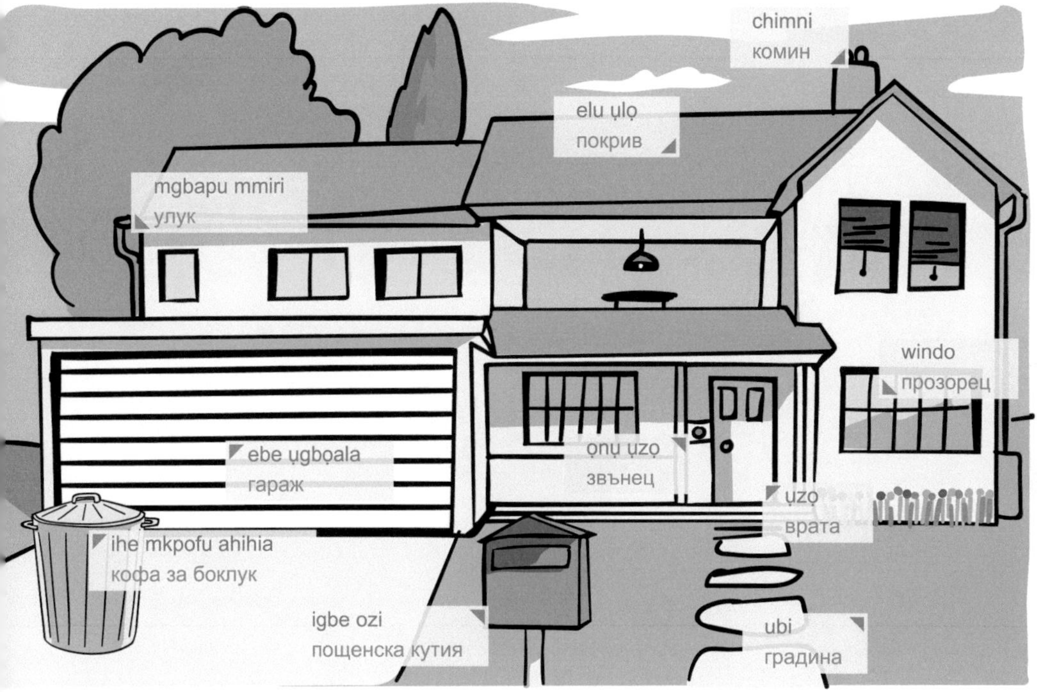

chimni
комин

elu ụlọ
покрив

mgbapu mmiri
улук

windo
прозорец

ebe ụgbọala
гараж

ọnụ ụzọ
звънец

ụzọ
врата

ihe mkpofu ahihia
кофа за боклук

igbe ozi
пощенска кутия

ubi
градина

ime ụlọ ezumike
всекидневна

ụlọ ịsa ahụ
баня

usekwu
кухня

ime ụlọ
спалня

ụlọ nwa
детска стая

ime ụlọ erimeri
трапезария

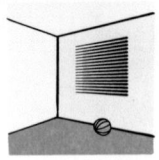
ala
под

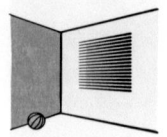
mgbidi
стена

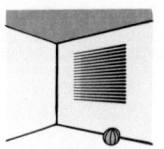
uko ụlọ
таван

okpuru ụlọ
изба

sawụna
сауна

ihu mbara
балкон

mbara ihu ulo
тераса

ọdọ mmiri
плувен басейн

igwe eji asụ ahịhịa
косачка

mpempe akwụkwọ
спално бельо

ihe ndina akwa
покривка за легло

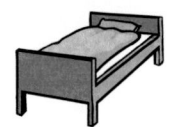
akwa ndina
легло

aziza
метла

bọket
кофа

mgba ọkụ
електрически ключ

ụlọ - къща

ime ụlọ ezumike
всекидневна

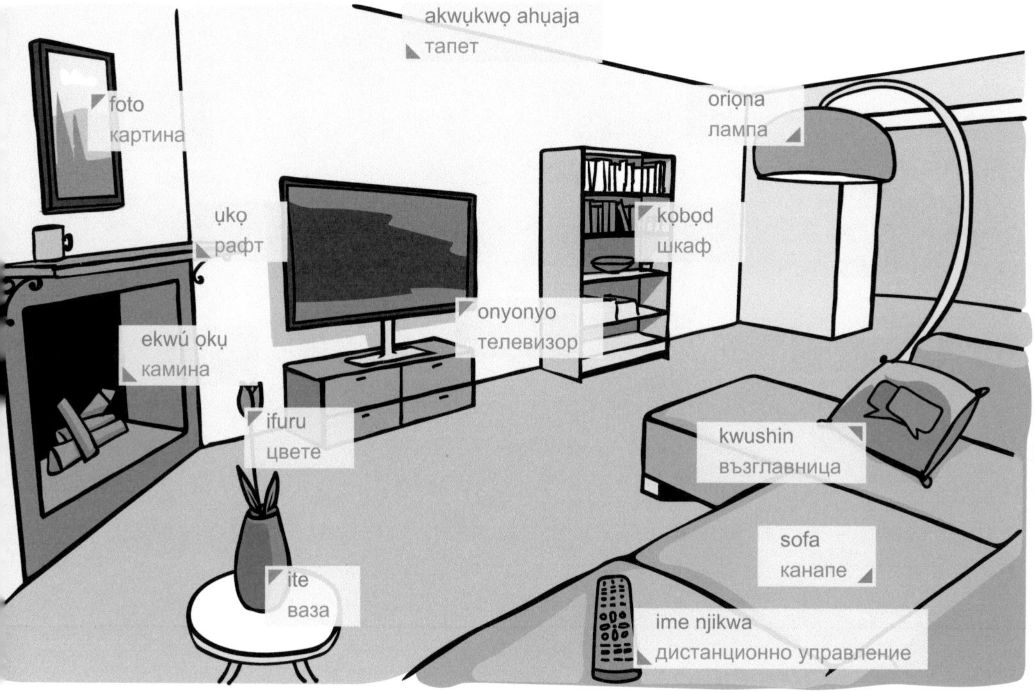

akwụkwọ ahụaja
тапет

foto
картина

oriọna
лампа

ụkọ
рафт

kọbọd
шкаф

ekwú ọkụ
камина

onyonyo
телевизор

ifuru
цвете

kwushin
възглавница

sofa
канапе

ite
ваза

ime njikwa
дистанционно управление

kapeeti
килим

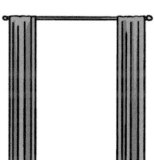

ákwà mgbochi
завеса

tebụl
маса

oche
стол

mkpatụ oche
люлеещ се стол

oche
кресло

akwụkwọ
книга

akwa mkpuchi
одеяло

ihe ochicho mma
декорация

nkụ
дърва за отопление

ihe nkiri
филм

ngwa hi-fi
стерео уредба

igodo
ключ

akwụkwọ akụkọ
вестник

eserese
живопис

posta
постер

redio
радио

akwụkwọ ozi
бележник

igwe nhicha ala
прахосмукачка

kaktus
кактус

kandụl
свещ

ime ụlọ ezumike - всекидневна

usekwu
кухня

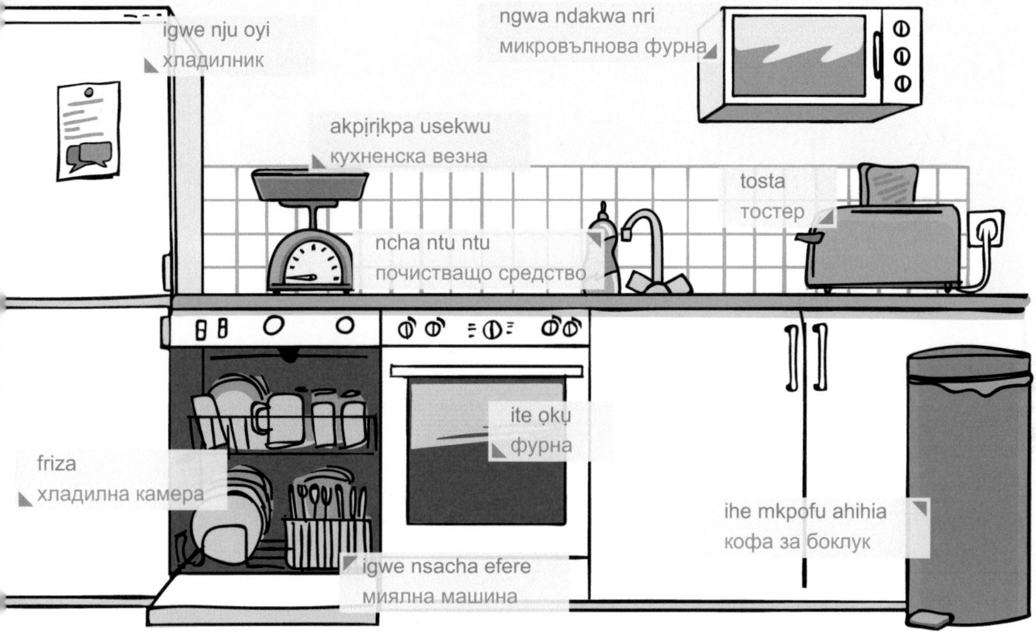

igwe nju oyi
хладилник

ngwa ndakwa nri
микровълнова фурна

akpịrịkpa usekwu
кухненска везна

tosta
тостер

ncha ntu ntu
почистващо средство

ite ọkụ
фурна

friza
хладилна камера

ihe mkpofu ahihia
кофа за боклук

igwe nsacha efere
миялна машина

osi ite
готварска печка

ite
тенджера

ite-igwe
желязна тенджера

wok / kadai
уок / кадаи

ite mmanụ ọkụ
тиган

ketulu
кана за затопляне на вода

ụzọkụ

уред за готвене на пара

efere nri

тава за печене

ite mmiri

съдове

iko

чаша

nnukwu efere

купа

osisi

клечки за хранене

ngazi

черпак

ngazi mmanụ ọkụ

лопатка за тиган

ntụgharị

тел за разбиване (на яйца, белтъци)

nje

кошница за варене

nyọ

гевгир

nkwọ

ренде

ikwe

хаван

anụ mmịkpọ

барбекю

imeghe oku

огнище

36   usekwu - кухня

boodu ncha ihe

дъска

osisi mgbati

точилка

ihe mmeghe mmanya

тирбушон

komkom

кутия

ihe mmeghe komkom

отварачка за консерви

ite njide

кухненска ръкохватка

efere nsacha

мивка

ihe nsa eze

четка

ogbo

гъба

nkwori

миксер

friza

фризер

karama nwa

бебешко шише

mkporu mmiri

воден кран

usekwu - кухня

ụlọ ịsa ahụ
баня

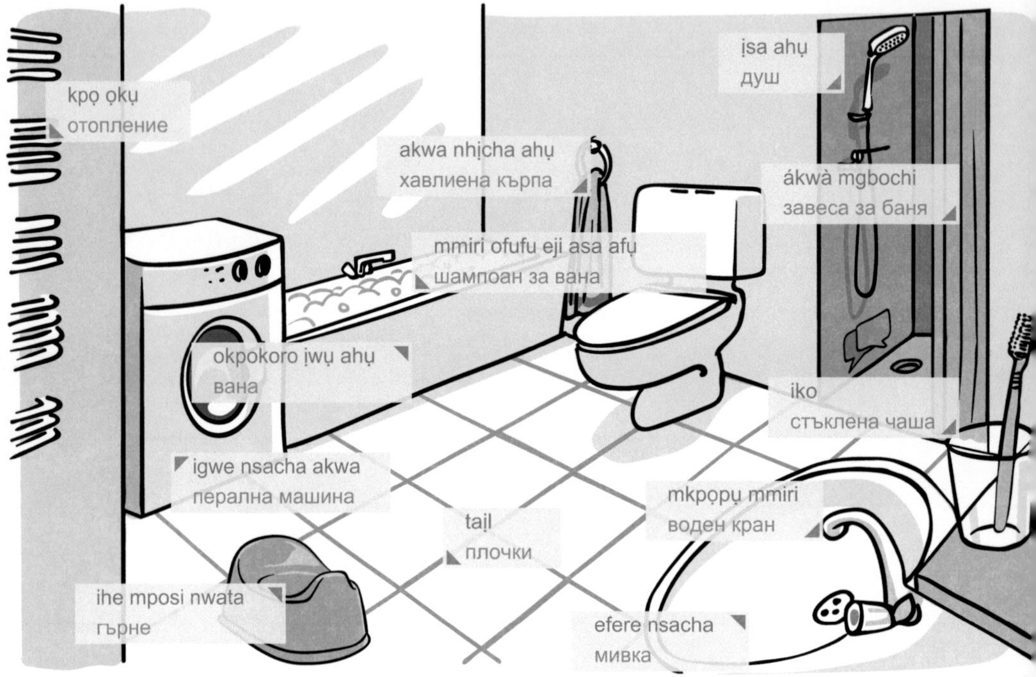

ịsa ahụ
душ

kpọ ọkụ
отопление

akwa nhịcha ahụ
хавлиена кърпа

ákwà mgbochi
завеса за баня

mmiri ofufu eji asa afụ
шампоан за вана

okpokoro iwụ ahụ
вана

iko
стъклена чаша

igwe nsacha akwa
перална машина

taịl
плочки

mkpọrụ mmiri
воден кран

ihe mposi nwata
гърне

efere nsacha
мивка

ụlọ mposi

тоалетна

mposi squat

клекало

basin eji asa ebe nzuzo ahu

биде

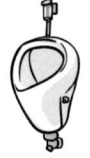

ebe inyu mmamịrị oha

писоар

akwụkwọ mposi

тоалетна хартия

ahihia ụlọ mposi

четка за тоалетна

brọsh

четка за зъби

ihe nhicha eze

паста за зъби

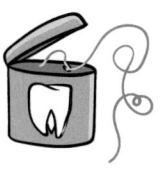

nhicha eze

конец за зъби

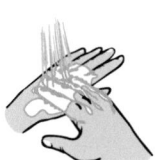

saa

мия

ịsa aka

ръчен душ

isa mmiri showa

интимен душ

nnukwu efere nsacha

леген

agba ahịhịa eji ete penti

четка за гръб

ncha

сапун

ncha mmiri nsa ahu

душ гел

ncha ntutu

шампоан за вана

uwe ajiajuru

гъба за баня

mgbapu mmiri

сифон

ude

крем

senti

дезодорант

ụlọ ịsa ahụ - баня

enyo
огледало

enyo aka
козметично огледало

rezo
ръчна самобръсначка

ụfụfụ ịkpụ afụ
пяна за бръснене

mgbe emechara aji
одеколон за след бръснене

mbo
гребен

ahịhịa
четка

okponku ntutu
сешоар

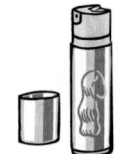

Ihe mmiri ana agba na isi
спрей за коса

ntecha
грим

mmanụ ọnụ
червило

ntecha mbọ aka
лак за нокти

owu
памук

mkpa mbọ aka
ножица за нокти

senti
парфюм

ụlọ ịsa ahụ - баня

akpa uwe

тоалетна чантичка

oche

табуретка

erikpu

везна

akwa towelu

хавлия

gloovu roba

домакински ръкавици

ihe mkpuchi obara ogbugbua

тампон

ihe mkpuchi nso nwanyi

дамски превръзки

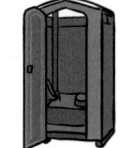

ụlọ mposi

химическа тоалетна

ụlọ ịsa ahụ - баня

ụlọ nwa

детска стая

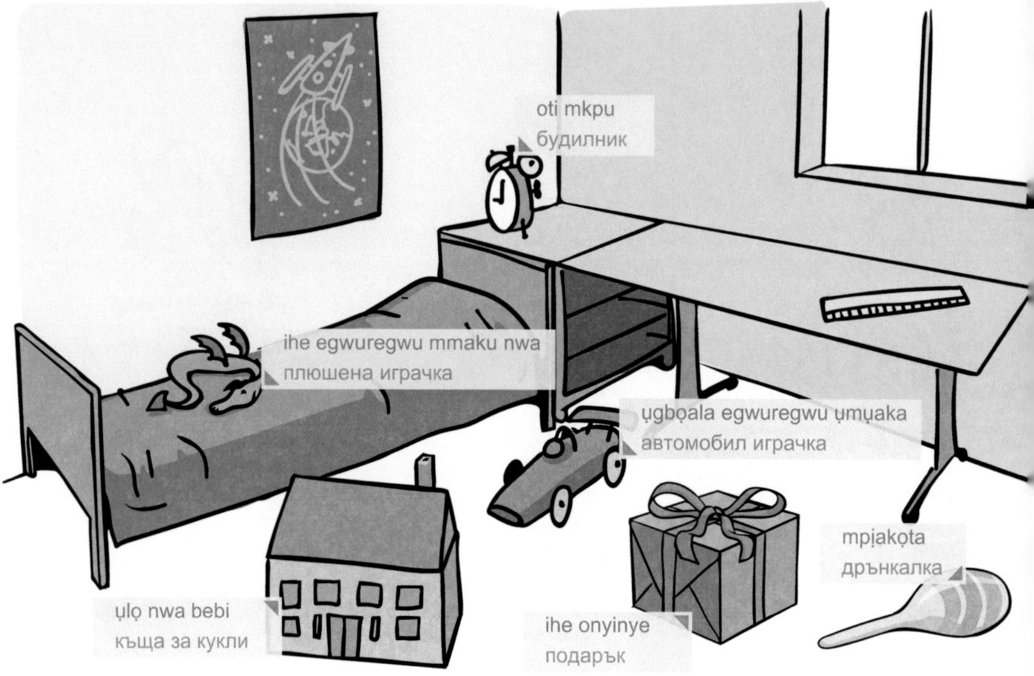

oti mkpu
будилник
ihe egwuregwu mmaku nwa
плюшена играчка
ụgbọala egwuregwu ụmụaka
автомобил играчка
mpịakọta
дрънкалка
ụlọ nwa bebi
къща за кукли
ihe onyinye
подарък

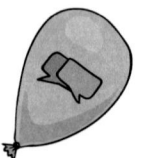

balun

балон

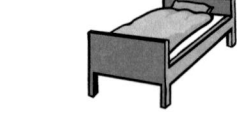

akwa ndina

легло

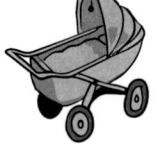

ihe obu nwa

детска количка

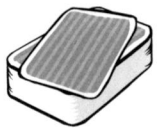

oche kaadị

игра на карти

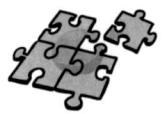

egwuregwu mgbagwoju anya

пъзел

SUPER MEGA

na-atọ ọchị

комикс

lego brik

лего елементи

ihe owuwu ụlọ

строителни елементи

ihe ngosi ogu

екшън фигурка

utonwa

бебешки гащеризон

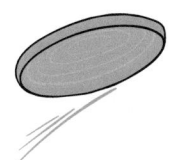

ihe egwuregwu diski na efe efe

фрисби

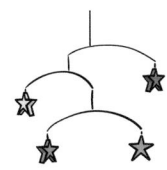

mbughari

бебешки играчки за легло

bọọdụ egwuregwu

настолна игра

dais

зарче

nlereanya ụgbọ okporo ígwè

миниатюрно влакче

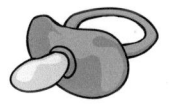

ihe oyiri mmadu eji egosi akwa

биберон

otu

парти

akwụkwọ foto

детска книга с илюстрации

bọọlụ

топка

nwa bebi

кукла

kpọọ

играя

ụlọ nwa - детска стая

olulu aja

пясъчник

janglova

люлка

ihe egwuregwu gasi

играчка

ihe egwuregwu vidiyo

игрова конзола

ogbatumtum

велосипед с три колелета

ihe egwuregwu ụmụaka

плюшено мече

wodrobu

гардероб

uwe
облекло

sọks

къси чорапи

sọks

дълги чорапи

uwe ime ahu

чорапогащник

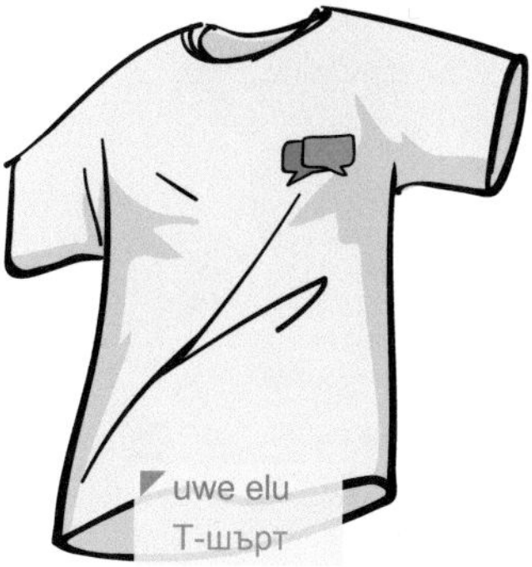

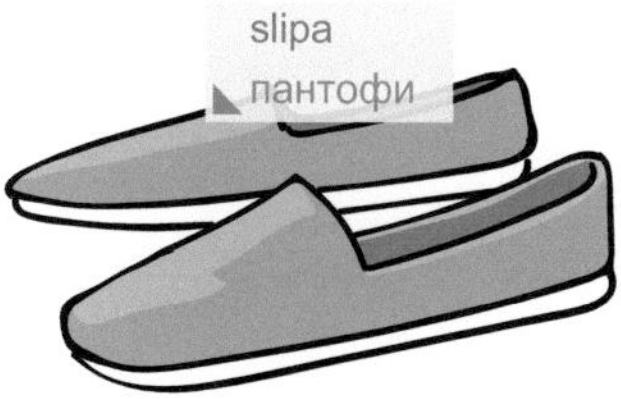

ichafụ
шал

nche anwụ
чадър

uwe elu
Т-шърт

eriri ukwu
колан

akpụkpọ ụkwụ
ботуши

slipa
пантофи

akpụkpọ ụkwụ njem
гуменки

akpụkpọ ụkwụ
сандали

akpụkpọ ụkwụ
обувки

akpụkpọ ụkwụ roba
гумени ботуши

uwe ime ahu
слип

efe ara
сутиен

uwe na enweghi aka
долна блуза

uwe - облекло

ahụ
боди

trauza
панталон

trauza siri ike
дънки

sket
пола

uwe elu nwanyị
блуза

uwe elu
риза

akwa njuoyi eji isi eyi
пуловер

uwe njuoyi
суичър

jakeeti
блейзър

jakeeti
яке

ochu oyi uwe elu
палто

akwa mmiri
дъждобран

ekike
костюм

uwe ogologo
рокля

uwe agbamakwụkwọ
булчинска рокля

uwe - облекло

uwe suutu

костюм

uwe abalị

нощница

pajamas

пижама

uwe umunwanyi Indian

сари

mkpuchi isi

кърпа за глава

okpu

тюрбан

akwa mkpuchi ihu

бурка

uwe ogologo nwanyi

кафтан

abaya

абая

akwa mmiri

бански костюм

uwe eji egwu mmiri

плувни шорти

nịịka

къс панталон

uwe mmega ahụ

анцуг

uwe nchekwa

престилка

uwe aka

ръкавици

uwe - облекло

bọtịnụ

копче

ugegbe anya

очила

mgbaaka

гривна

eriri olu

верижка

mgbanaka

пръстен

ola nti

обеца

okpu

каскет

ihe nkowe uwe elu

закачалка

okpu

шапка

tai

вратовръзка

nzichi

цип

okpu agha

каска

ihe njide eze

тиранти

uwe ụlọ akwụkwọ

ученическа униформа

mbonotu

униформа

48   uwe - облекло

ọghọ nri nwa
лигавник

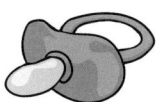
ihe oyiri mmadu eji egosi akwa
биберон

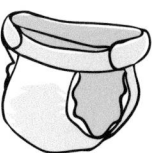
akwa nwanye nwa
пелена

ụlọ ọrụ
офис

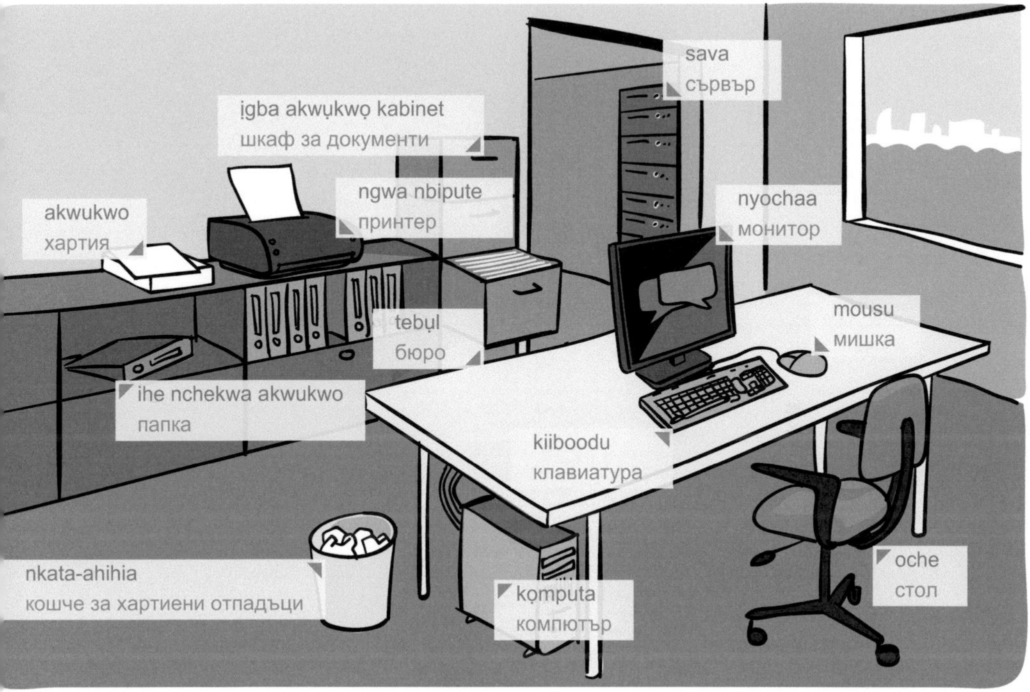

sava — сървър
ịgba akwụkwọ kabinet — шкаф за документи
ngwa nbipute — принтер
nyochaa — монитор
akwukwo — хартия
tebụl — бюро
mousu — мишка
ihe nchekwa akwukwo — папка
kiiboodu — клавиатура
nkata-ahihia — кошче за хартиени отпадъци
kọmputa — компютър
oche — стол

iko kọfị
чаша за кафе

igwe mgbakọ
джобен калкулатор

ịntaneti
интернет

laptoopụ

лаптоп

leta

писмо

ozi

съобщение

mkpanaka

мобилен телефон

netwọk

мрежа

ihe mbiputa

ксерокс

ngwanrọ

софтуер

ekwentị

телефон

ebe nkwụnye

контакт

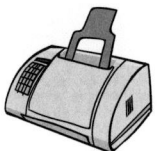

igwe fax

факс

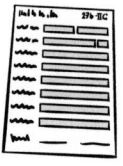

ụdị

формуляр

akwụkwọ

документ

akụnụba
икономика

zụta
купувам

kwuo ugwo
плащам

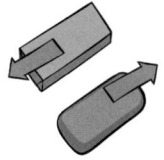
ahia
търгувам

ego
пари

ego ndi Amerika
долар

ego ndi Eruopu
евро

ego ndi japanizi
йена

ego ndi Rusian
рубла

Switzerland franc
швейцарски франк

renminbi yuan
ренминби юан

ego ndi Indian
рупия

ebe akwụmụgwọ
банкомат

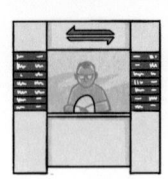
ebe mgbanwe ego
обменно бюро

ọla edo
злато

ọlaọcha
сребро

mmanụ
нефт

ume
енергия

ọnụahịa
цена

nkwekọrịta
договор

ụtụ
данък

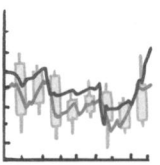
ngwaahịa
акция

ọrụ
работя

onye ọrụ
служител

onye were gị n'ọrụ
работодател

ụlọ ọrụ mmeputa ngwahia
фабрика

ụlọ ahịa
магазин за цветя

akụnụba - икономика

aka ọrụ
професии

onye uwe ojii
полицай

onye mmenyu oku
пожарникар

esi nri
готвач

dibia bekee
лекар

ọkwọ ụgbọelu
пилот

onye na-elekọta ubi

градинар

ọkwa nkà

мебелист

akwa nwanyị

шивачка

ọka ikpe

съдия

kemist

химик

onye ome ihe nkiri

артист

ọkwọ ụgbọ ala
шофьор на автобус

ọkwọ ụgbọ ala
шофьор на такси

onye ọkụ azụ
рибар

nwanyị nhicha
чистачка

roofer
майстор на покриви

onye na-ebu nri
келнер

dinta
ловец

onye na-ese ihe
художник

onye osi ite
хлебар

onye ndozi ọkụ eletrik
електротехник

onye na-ewu ụlọ
строителен работник

njinia
инженер

onye na-egbu anụ
касапин

plọmba
тенекеджия

onye ozi
пощальон

54   aka ọrụ - професии

onye agha

войник

onye na-ese ụkpụrụ ụlọ

архитект

onye okwu ugwo

касиер

ore fulawa

цветар

onye na-edozi ntutu isi

фризьор

kondokto

кондуктор

onye n'arụzi ụgbọala

механик

onyeisi

капитан

dibia bekee eze

зъболекар

ọkà mmụta sayensị

научен работник

rabaị

равин

imam

имàм

mọnk

монах

ụkọchukwu

свещеник

aka ọrụ - професии

ngwaọrụ
инструменти

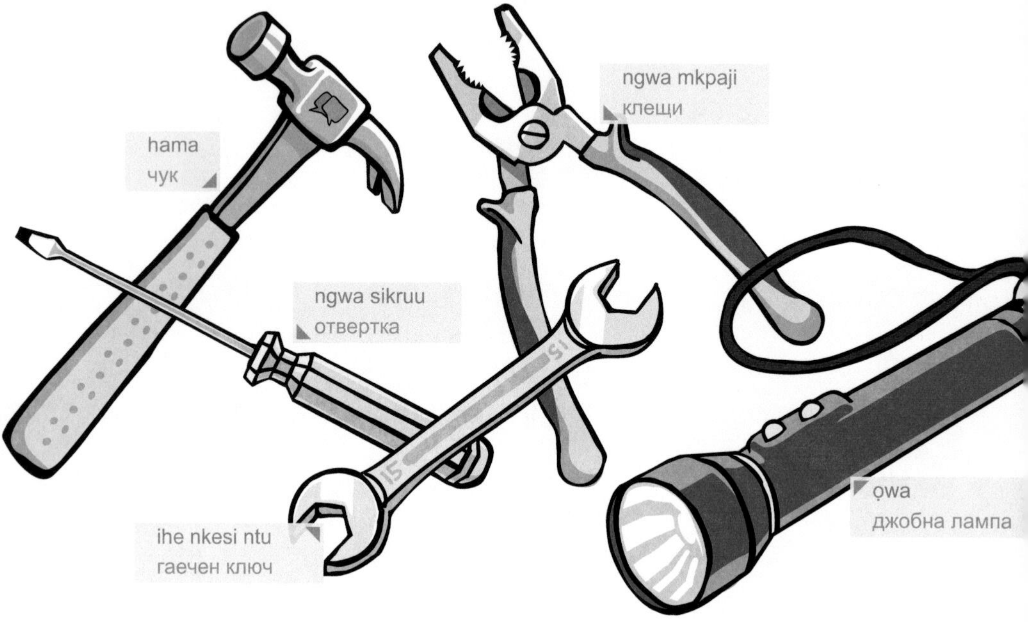

hama
чук

ngwa mkpaji
клещи

ngwa sikruu
отвертка

ihe nkesi ntu
гаечен ключ

ọwa
джобна лампа

igwu ala

багер

igbe ngwaọrụ

кутия за инструменти

ubube

стълба

nkwọ

трион

mbọ

пирони

igwe mkpọpu

бормашина

mezie
ремонтирам

ihe eji egwu ala
лопата

Ụchụ!
По дяволите!

efere ájá
лопатка за смет

ite agba
кутия за боя

ntu
болтове

ngwa egwu
музикални инструменти

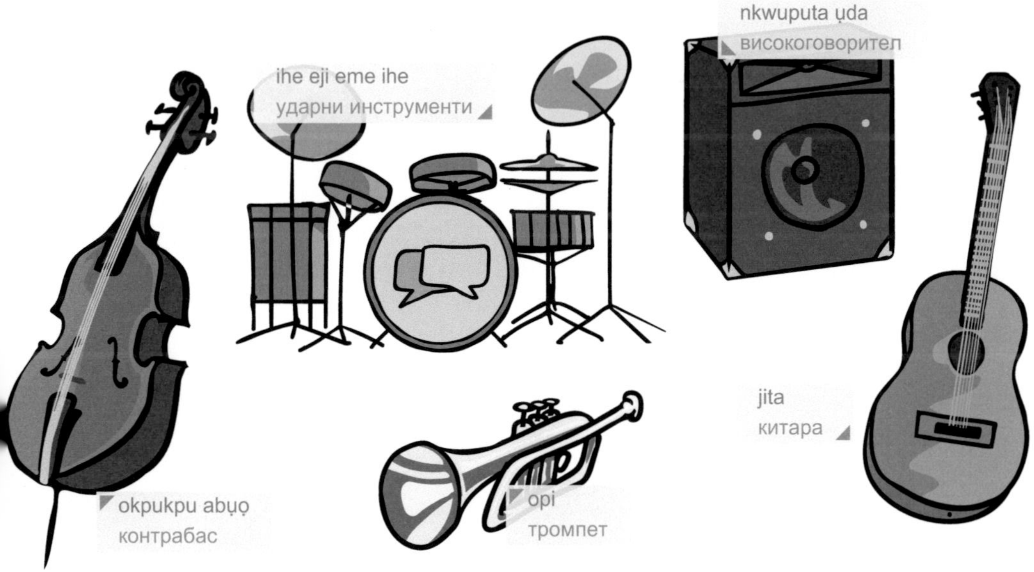

nkwuputa ụda
високоговорител

ihe eji eme ihe
ударни инструменти

jita
китара

okpukpu abụọ
контрабас

opi
тромпет

kiibọọdụ

пиано

violin

виолина

timpani

тимпан

igba

барабан

kiibọọdụ

електрическо пиано

sasofone

саксофон

ọjà

флейта

igwe okwu

микрофон

ngwa egwu - музикални инструменти

zuu
зоологическа градина

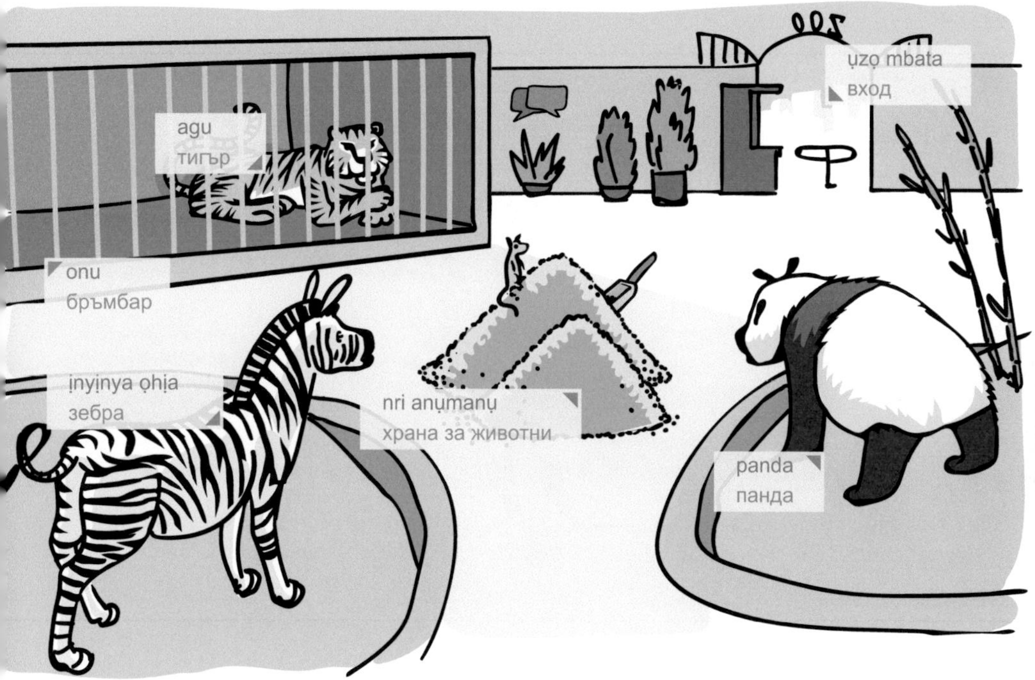

uzo mbata
вход

agu
тигър

onu
бръмбар

inyinya ohia
зебра

nri anumanu
храна за животни

panda
панда

anumanu

животни

enyi

слон

kangaruu

кенгуру

rhino

носорог

ozodimgba

горила

anu ohia

мечка

kamel
камила

enyí nnụnụ
щраус

ọdụm
лъв

enwe
маймуна

flamingo
фламинго

icheku
папагал

anụ ọhịa
бяла мечка

nnunu mmiri
пингвин

akụm
акула

ekwuru ụlọ
паун

agwo
змия

agụ iyi
крокодил

onye na-elekọta zuu
пазач в зоологическа градина

mechie
тюлен

agu
ягуар

zuu - зоологическа градина

įnyįnya

пони

agụ owuru

леопард

anụ ọhịa

хипопотам

girraaf

жираф

ugo

орел

ezi ọhịa

диво прасе

azụ

риба

mbe

костенурка

anụ mmiri

морж

nkịta ọhịa

лисица

mgbada

газела

zuu - зоологическа градина

egwuregwu
спорт

ihe omume
дейности

malie elu — скачам
chịa ọchị — смея се
mmakụ — прегръщам
jee ije — вървя
buo — пея
nrọ — сънувам
kpee ekpere — моля се
isusu ọnụ — целувам

dee	see	gosi
пиша	рисувам	показвам

kwaa	nye	nara
бутам	давам	взимам

ihe omume - дейности

nwee

имам

mee

правя

ịbụ

съм

guzoro

стоя

gbaa ọsọ

тичам

dọọ

дърпам

tufuo

хвърлям

daa

падам

ụgha

лежа

chere

чакам

buru

нося

nọdụ ala

седя

yi uwe

обличам

hie ụra

спя

kulie

събуждам се

64   ihe omume - дейности

lee anya
разглеждам

tie mkpu
плача

ọrịa strok
милвам

mbo
реша се

kwuo
говоря

ighọta
разбирам

jụọ
питам

gee ntị
слушам

ihe ọnụnụ
пия

rie
ям

dozie
разтребвам

ịhụnanya
обичам

isi nri
готвя

kwọọ
карам автомобил

ofufe
летя

ihe omume - дейности

ụgbọ
плавам (с платна)

gbakọọ
смятане

gụọ
чета

na-amụta
уча

ọrụ
работя

lụọ
женя се

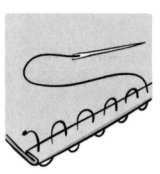
idu
шия

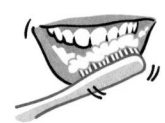
ahịhịa ezé
измивам си зъбите

gbue
убивам

anwụrụ ọkụ
пуша

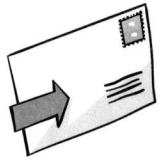
zipu
изпращам

ezinụlọ
семейство

nne nne — баба
nna nna — дядо
nna — баща
nne — майка
nwa — бебе
nwa nwanyị — дъщеря
nwa nwoke — син

ọbịa

посетител

nwanne nne/nna

леля

nwanne nna/nne

чичо

nwanne

брат

nwanne

сестра

ahụ
тяло

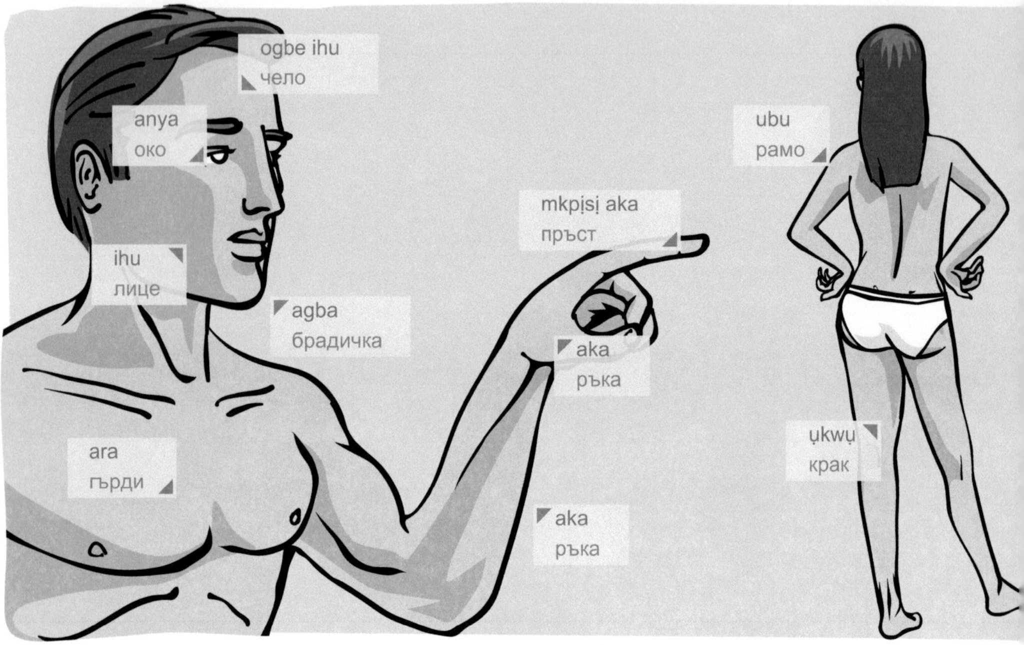

ogbe ihu — чело
anya — око
ihu — лице
agba — брадичка
ara — гърди
mkpịsị aka — пръст
aka — ръка
aka — ръка
ubu — рамо
ụkwụ — крак

nwa
бебе

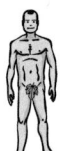

nwoke
мъж

nwanyị
жена

nwa nwanyị
момиче

nwa nwoke
момче

ịsị
глава

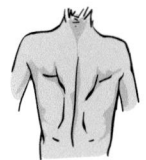
azu
гръб

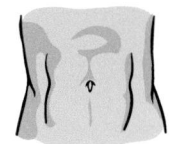
afọ
корем

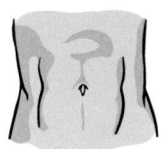
otubo
пъп

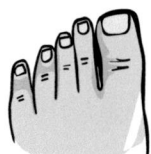
mkpisi ukwu
пръст на крака

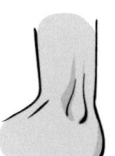
ikiri ụkwụ
пета

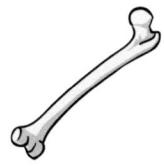
ọkpụkpụ
кост

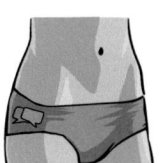
ukwu
хълбок

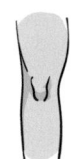
ikpere
коляно

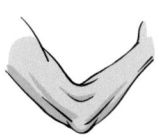
ikpere aka
лакът

imi
нос

ike
седалище

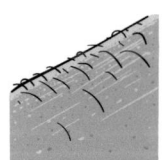
akpụ kpọ ahụ
кожа

nti
буза

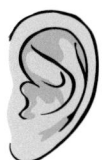
ntị
ухо

egbugbere ọnụ
устна

ahụ - тяло

ọnụ

уста

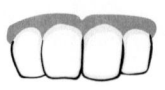

eze

зъб

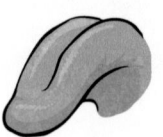

ire

език

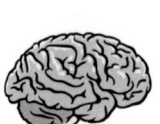

ụbụrụ

мозък

mkpụrụ obi

сърце

akwara

мускул

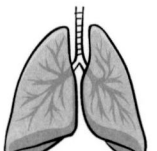

akpa ume

бял дроб

umeji

черен дроб

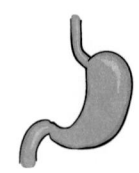

afọ

стомах

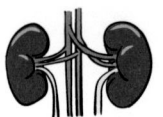

akụrụ

бъбреци

mmekọahụ

полово сношение

kondom

кондом

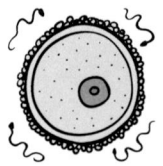

akwa nwanyị

яйцеклетка

ọbara ọcha

сперма

afọ ime

бременност

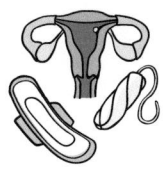

nsọ nwanyị

менструация

ọtụ

вагина

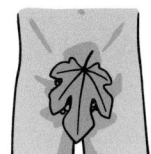

amụ

пенис

nku anya

вежда

ntutu

коса

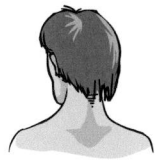

olu

шия

ụlọ ọgwụ
болница

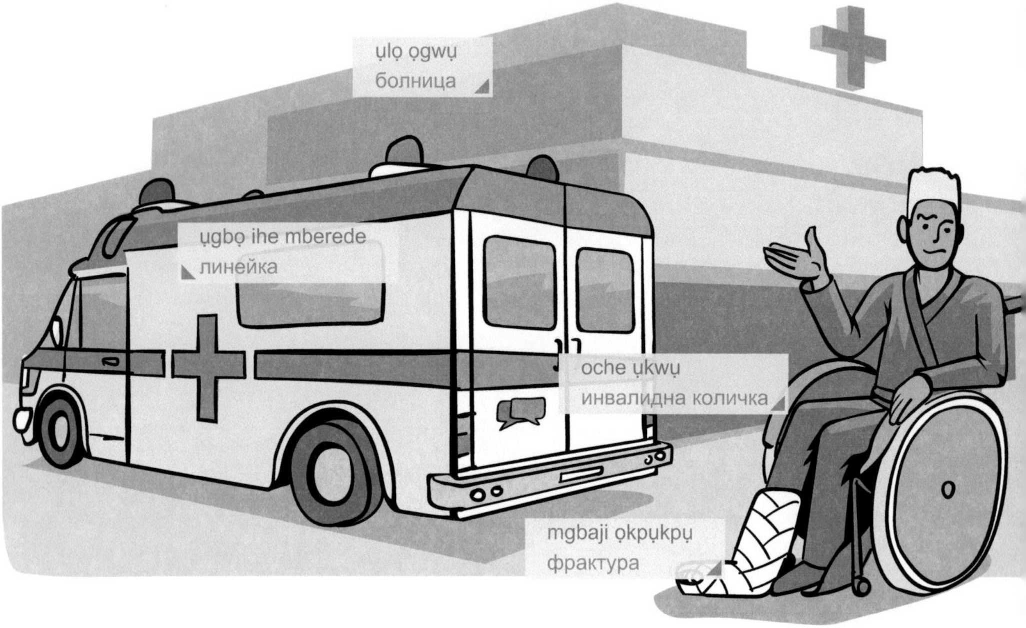

ụlọ ọgwụ
болница

ụgbọ ihe mberede
линейка

oche ụkwụ
инвалидна количка

mgbaji ọkpụkpụ
фрактура

dibia bekee
лекар

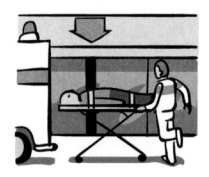

ụlọ mberede
спешна хоспитализация

nọọsụ
медицинска сестра

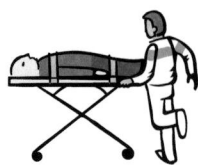

mberede
спешен случай

amaghị ihe ọ bụla
в безсъзнание

ụfụ
болка

mmerụ ahụ

нараняване

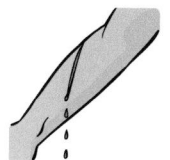

agba ọbara

кървене

obi nkolopu

инфаркт

ọrịa strok

инсулт

nke ahu anataghi

алергия

ụkwara

кашлица

ahụ ọkụ

температура

ọrịa flu

грип

afọ ọsịsa

диария

isi ọwụwa

главоболие

kansa

рак

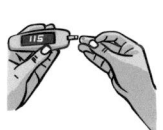

ọrịa shuga

диабет

dọkịta na-awa ahu

хирург

mma eji awa ahụ

скалпел

iwa ahụ

операция

ụlọ ọgwụ - болница

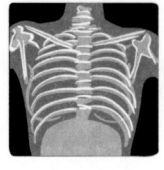
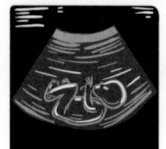

CT	x-ree	nyocha ime ahu
компютърна томография	рентген	ултразвук

nkpuchi ihu	ọrịa	ebe nchekwa
маска	болест	чакалня

mkpara	nnyachi	bandeeji
патерица	пластир	превръзка

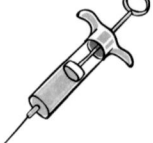
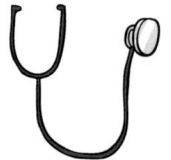
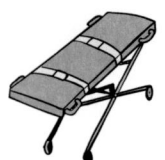

ọgwụ ọgbụgba	stetoskop	Igwe eji ibu mmadu
инжекция	стетоскоп	носилка

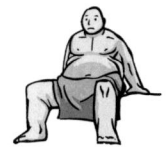

temometa ụlọgwụ	omumu	ibufe oke ibu
термометър	раждане	наднормено тегло

ụlọ ọgwụ - болница

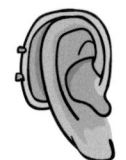
enyemaka ịnụ ihe
слухов апарат

mmiri ọgwụ nje
дезинфекционно средство

ọrịa nje
инфекция

nje
вирус

Ọrịa HIV/AIDS
HIV / AIDS

ọgwụ
медицина

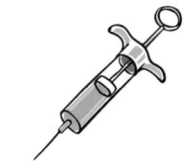
ịgba ọgwụ mgbochi ọrịa
ваксинация

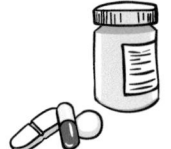
mkpụrụ ọgwụ
таблети

mkpụrụ ọgwụ
противозачатъчна таблетка

oku mberede
спешно телефонно обаждане

nyochaa ọbara mgbali
апарат за измерване на кръвното налягане

na-arịa ọrịa / ahụike
болен / здрав

ụlọ ọgwụ - болница

mberede
спешен случай

Nyerem aka!
Помощ!

oti mkpu
сигнал за тревога

wakpo
нападение

ọgụ
атака

ihe egwu
опасност

ụzọ ọpụpụ mberede
авариен изход

Ọkụ!
Пожар!

mmenyu ọkụ
пожарогасител

ọghọm
злополука

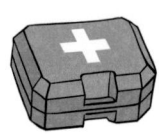

akpa enyemaka mbụ
комплект за оказване на първа помощ

SOS
SOS

ndị uwe ojii
полиция

Ụwa
Земя

Europe

Европа

North Amerika

Северна Америка

South Amerika

Южна Америка

Africa

Африка

Eshia

Азия

Ọstrelia

Австралия

Atlantic

Атлантически океан

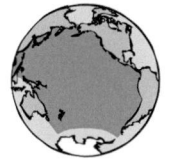

Pasifik

Тихи океан

Oke Osimiri Indian

Индийски океан

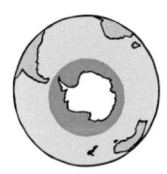

Oke Osimiri Antarctic

Южен ледовит океан

Oke Osimiri Arctic

Северен ледовит океан

Ebe Ugwu

Северен полюс

Ebe Ọdịda anyanwu

Южен полюс

Antarctica

Антарктида

Ụwa

Земя

ala

суша

oké osimiri

море

agwaetiti

остров

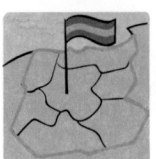

mba

нация

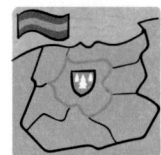

steeti

държава

elekere
часовник

ihu elekere
циферблат

aka awa
стрелка на часовете

aka nkeji
стрелка на минутите

ihe ejigoro
стрелка на секундите

Kedu ihe na-akụ?
Колко е часът?

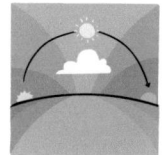

ụbọchị
ден

oge
време

ugbu a
сега

elekere dijitalụ
дигитален часовник

nkeji
минута

awa
час

izu
седмица

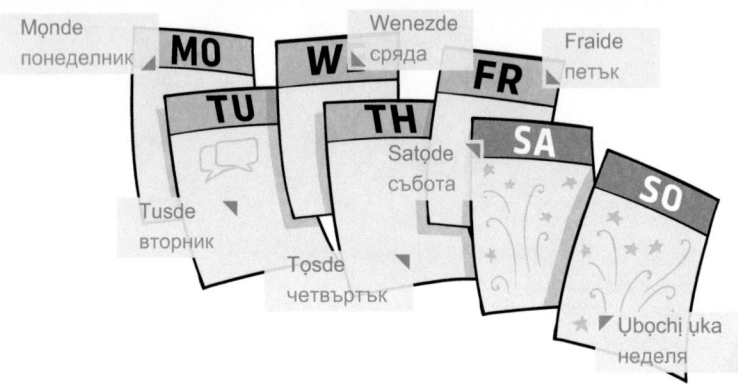

ụnyaahụ

вчера

taa

днес

echi

утре

ututu

сутрин

ehihie

обед

mgbede

вечер

ụbọchị azụmahịa

работни дни

izu ụka

уикенд

afọ
година

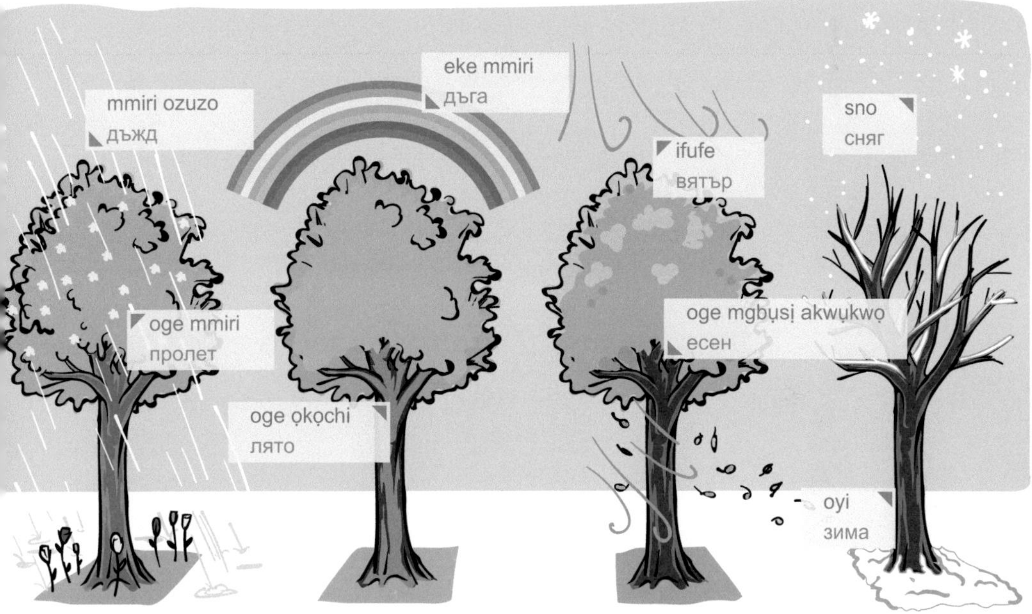

mmiri ozuzo — дъжд
eke mmiri — дъга
ifufe — вятър
sno — сняг
oge mmiri — пролет
oge ọkọchị — лято
oge mgbụsị akwụkwọ — есен
oyi — зима

amụma ihu igwe

прогноза за времето

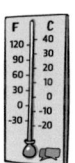

temometa

термометър

anwụ

слънчева светлина

igwe ojii

облак

foogu

мъгла

iru mmiri

влажност на въздуха

àmụmà

светкавица

ègbè eluigwe

гръмотевица

oké mmiri ozuzo

буря

aki mmiri

градушка

udu mmiri

мусон

ide mmiri

наводнение

aiz

лед

Jenụwarị

януари

Febụwarị

февруари

Machị

март

Eprel

април

Mee

май

June

юни

Julaị

юли

Ọgọst

август

afọ - година

Septemba

септември

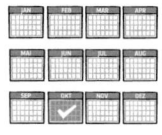

Ọktọba

октомври

Nọvemba

ноември

Disemba

декември

ụdị
форми

okirikiri

кръг

akuku anọ

квадрат

rektangulu

четириъгълник

akuku atọ

триъгълник

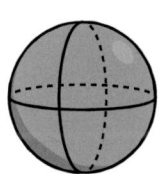

okirikiri

сфера

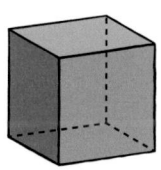

igbe

куб

na agba
цветове

acha ọcha

бял

acha edo edo

жълт

acha oroma

оранжев

acha pink

розов

acha uhie uhie

червен

acha odo odo

лилав

acha anụnụ anụnụ

син

acha akwụkwọ ndụ

зелен

acha aja aja

кафяв

acha isi awọ

сив

eji oji

черен

mmegide
противоположности

otutu / ntakịrị — iwe / jụụ — mara mma / jọrọ njọ

много / малко — ядосан / спокоен — красив / грозен

mbido / njedebe — nnukwu / obere — na-enwu / ọchịchịrị

начало / край — голям / малък — светъл / тъмен

nwanne nwoke / nwanne nwanyị — dị ọcha / unyi — mezue / ezughi ezu

брат / сестра — чист / мръсен — пълен / непълен

ụbọchị / abalị — nwụrụ anwụ / dị ndụ — obosara / warara

ден / нощ — мъртъв / жив — широк / тесен

oriri / erighị

ядлив / неядлив

ojoọ / obioma

сърдит / любезен

obi ụtọ / nkịtị gwụrụ

развълнуван / скучаещ

abụba / mkpa

дебел / тънък

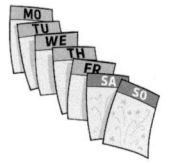

mbụ / ikpeazụ

най-напред / най-накрая

enyị / iro

приятел / враг

juru eju / efu

пълен / празен

ike / adụ

твърд / мек

arọ / mfe

тежък / лек

agụụ / akpịrị ịkpọ nkụ

глад / жажда

na-arịa ọrịa / ahụike

болен / здрав

n'uzo na ezighi ezi / iwu

нелегален / легален

onye nwere ọgụgụ isi / onye nzuzu

интелигентен / глупав

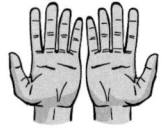

aka ekpe / aka nri

ляво / дясно

dị nso / tere anya

близо / далече

ọhụrụ / jiri

нов / употребяван

enweghi ihe / enwere ihe

нищо / нещо

agadi / nwata

стар / млад

gbanye / gbanyụọ

вкл. / изкл.

mepe / mechie

отворен / затворен

jụụ / dara ụda

тих / силен (звук)

ọgaranya / ogbenye

богат / беден

ziei ezi / ezighi ezi

правилен / погрешен

siri ike / larịị

грапав / гладък

mwute / obi ụtọ

тъжен / щастлив

mkpụmkpụ / ogologo

дълъг / къс

nwayọọ / ngwa ngwa

бавен / бърз

dị mmiri / kpọrọ nkụ

мокър / сух

na-ekpo ọkụ / dị jụụ

топъл / студен

agha / udo

война / мир

mmegide - противоположности

nọmba
числа

0 efu — нула

1 otu — едно

2 abụọ — две

3 atọ — три

4 anọ — четири

5 ise — пет

6 isii — шест

7 asaa — седем

8 asatọ — осем

9 itolu — девет

10 iri — десет

11 iri na otu — единадесет

12
iri na abụọ
дванадесет

13
iri na atọ
тринадесет

14
iri na anọ
четиринадесет

15
iri na ise
петнадесет

16
iri na isii
шестнадесет

17
iri na asaa
седемнадесет

18
iri na asatọ
осемнадесет

19
iri na itoolu
деветнадесет

20
iri abụọ
двадесет

100
narị
сто

1.000
puku
хиляда

1.000.000
nde
милион

nọmba - числа

asụsụ
езици

Bekee

английски

Asụsụ Bekee

американски английски

Asụsụ ndị China

китайски мандарин

Asụsụ ndị Hindi

хинди

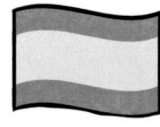

Asụsụ ndị Spain

испански

Asụsụ ndị France

френски

Asụsụ ndị Arab

арабски

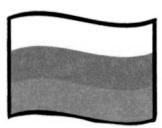

Asụsụ ndị Russia

руски

Asụsụ ndị Portugal

португалски

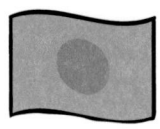

Asụsụ ndị Bengal

бенгалски

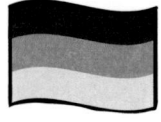

Asụsụ ndị German

немски

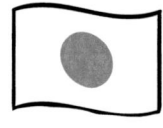

Asụsụ ndị Japan

японски

onye / ihe / olee
кой / какво / как

M
аз

gị
ти

ya / ya / ya
той / тя / то

anyị
ние

gị
вие

ha
те

onye?
кой?

gịnị?
какво?

kedu?
как?

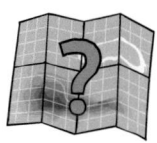
ebe?
къде?

mgbe ole?
кога?

aha
име

ebee
къде

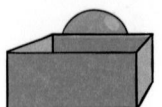

n'azụ

зад

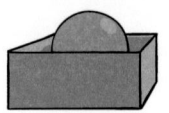

n'ime

в

n'ihu

пред

gafee

над

na

върху

n'okpuru

под

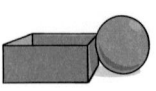

n'akụkụ

до

n'etiti

между

ebe

място